香港國際詩歌之夜 2013
INTERNATIONAL POETRY NIGHTS IN HONG KONG

編輯 Editors

北島 Bei Dao

陳嘉恩 Shelby K. Y. Chan

方梓勳 Gilbert C. F. Fong

柯夏智 Lucas Klein

馬德松 Christopher Mattison

湯瑪斯・羅瑞茨基

Tomasz Różycki

目錄 Contents

1 Kawa i Tytoń

Kiedy zacząłem pisać, nie wiedziałem jeszcze,
co ze mnie zrobią wiersze, że się przez nie stanę
jakimś dziwnym upiorem, wiecznie niewyspanym,
o przezroczystej skórze, chodzącym po mieście

jakby lekko naćpany, kładącym najwcześniej
się razem z wściekłym brzaskiem, i jeszcze nad ranem
łażącym po znajomych, zupełnie spłukany,
jak jakaś menda, insekt, przywołany we śnie

kawałkiem gołej skóry, czy może westchnieniem.
I nawet nie wiedziałem, w co mnie wreszcie zmienią
te durne wiersze, skarbie, i że to ty właśnie
przywołasz mnie do życia i że dzięki tobie

tylko będę widzialny, z tobą się położę
i odczekam tę chwilę, dopóki nie zaśniesz.

czerwiec 2003

咖啡與煙草

在開始寫作的時候，我還一無所知，
不知詩歌會把我怎樣，我是否會因為它
變成怪異的幽靈，整日睡眼惺忪，
身上皮膚透明，城裏逛個不停

似乎有些興奮，總要等到暴躁的晨光
才會上床入夢，或是在黎明時分，
到熟人家四處串門，總是那個被洗掉的人，
像個蝨子或者爬蟲，在夢中被一塊赤裸的皮膚

或沉重的呼吸吸引。
我甚至不知道，詩最後會把我變成什麼
這些愚蠢的詩句，寶貝，恰恰是你
讓我煥發生命，多虧有你

我將是個可見的人，和你一起就寢
一起等待那個時分，趁你尚未入眠。

2003年6月

（趙剛譯）

Coffee and Cigarettes

When I began to write, I didn't know
that poems would transform me, make my skin
translucent, I'd become a weary ghost
who, sleepless, roams the streets as if to ride

a high till coming down, then go to bed
with rabid dawn. But light would find me still
out wandering and dropping in on friends,
flat broke, a louse, a varmint, summoned by

your nakedness or even just your sighing.
And honey, how was I to know what all
these dumb poems would make of me, that you
would summon me to life, and thanks to you

I would become the visible, in bed
beside you, waiting till you fall asleep.

June 2003

(Translated by Mira Rosenthal)

2 Kreole, Metysi

Skoro ty jesteś dziwna i ja jestem dziwny,
to się wspaniale składa, razem zadziwimy
świat, będą pokazywać nas palcem rodziny
wychodzące na spacer, staniemy się słynni

i bardzo tajemniczy, nakręcą też filmy
o nas, zupełnie nieprawdziwe. Wprowadzimy
się w nocy, w środku grudnia do pewnej meliny
i będziemy tam robić miłość i nie będzie innych

spraw ani zajęć. Przyszło nam się spotkać
w takim ogromnym świecie, można nas rozpoznać
jedynie po języku. Pokaż język, kotku.
Opowiem ci bajeczkę. Będziemy już razem,

tak się wspaniale składa, i język nas zdradzi,
świat zabije, zamieni na rosę i popiół.

grudzień 2004

克里奧爾人、麥斯蒂索人

既然你很怪異，既然我很怪異，
那真是天衣無縫，就讓我們一起
給世界個驚奇。出門遛彎的人們
將會指點我們，我們就會出名

而且非常神秘，我們會上電影
儘管完全失真。在12月中旬的夜晚，
我們會搬進一個棲身之地，
我們在那裏做愛，沒有其他事

打擾我們。我們來這廣大的世界相會，
只有憑語言才能相認。
伸出你的舌頭，小貓咪。
我給你講個童話。我們將在一起。

這真是天衣無縫，舌頭也會背叛我們，
世界屠殺我們，把我們變成露珠和灰燼。

2004年12月

(趙剛譯)

Creoles, Mestizos

Since it is lucky you are strange and I
am strange, together we will shock the world.
Families as they stroll by will point at us,
and we'll be famous, quite mysterious.

They'll even make up complicated plots
in films about us, all untrue. At night,
in mid-December, we will find ourselves
a hiding place where we'll make love and have

no other worries. We were meant to meet
in such a huge world, we are singled out
by language. Stick out your tongue for me, kitten.
I'll tell you a story. Together again,

as luck would have it, language will betray us
and kill our world, turn it to dew and ash.

December 2004

(Translated by Mira Rosenthal)

3 **Mrówki i Rekiny**

Dla A. B.

Mrówka pożera larwę, według praw natury,
a dziecko zjada mrówkę—trochę szczypie w język,
ciekawość zawsze szczypie. Dziecko połknie rekin
na rajskiej plaży Goa, lecz widzi to z góry

Bóg i złapie rekina, tak jak łapie szczura,
tygrysicę i słonia. Boga zaś poeta
pożre w swoim pokoju, on będzie niestety
żywić się wszystkim. Potwór, podobny do knura,

pęcznieje i wydala. Żywi się papierem,
lecz wpuśćcie go do domu, a znajdzie w pościeli
ukryte ślady po snach, po miłości—skradnie
to, co macie świętego, przeżuje, obrośnie

od tego białym mięsem i trującym włosiem,
wystarczy tylko dotknąć, otrzeć się przypadkiem.

maj 2005

螞蟻和鯊魚

——致A. B.

螞蟻吞噬幼蟲，根據自然法則，
而孩子吃掉螞蟻——舌頭有點兒疼，
好奇總會帶來疼痛。鯊魚吞掉孩子
在果阿天堂般的沙灘，而上帝已預先看到

他會抓住鯊魚，就像抓住一隻老鼠，
一隻大象和母虎。然而詩人吞掉上帝
在自己的房間裏，不好意思，
他將以一切為食。怪物，像隻閹豬，

不斷地進食、排出。他以紙張為食，
但請放他進屋，他會在被褥間
找到睡夢和愛情之後隱藏的痕跡，
偷你們當作聖潔的東西，吞食，長大

由此變成白肉和有毒的髮絲，
只要偶爾觸碰，或是隨便蹭蹭。

2005年5月

（趙剛譯）

Ants and Sharks

For A. B.

An ant devours a larva, in accord
with nature, and a child then eats the ant—
it burns on the tongue. Curiosity
always burns. On Paradise Beach in Goa,

a shark will eat the child, but when God sees,
he'll catch the shark, just as he grabs a rat,
a tigress, elephant. The poet in his room
will then eat God. He'll feed on everything.

He is a monster like a boar that bloats,
excretes. He feeds on paper. If you let
him in, he'll find your dreams, love's traces on
the sheets—he'll steal what's holy, masticate,

grow pasty flesh, poisonous fur. It's enough
to touch him or brush by on accident.

May 2005

(Translated by Mira Rosenthal)

4 **Dom Służby**

Udawałem człowieka, nawet nieźle mi szło,
raz lepiej a raz gorzej, używałem sztuczek,
podkładu, tuszu, białka, niesłychanie dużo
słów, ponieważ słowami można prawie wszystko

i wszystko tez się działo, życie na walizkach,
oraz życie na kredyt, nerwy przed podróżą,
dom, imię i nazwisko, słowa, całe mnóstwo.
Udawałem człowieka, byłem specjalistą.

Słowo przyjaźń, kobieta, miłość, słowo ojciec,
słowo wybacz i zdrada, byłbym się zapomniał,
byłbym się w tym pogubił, ponieważ bezwiednie
do słów robiłem ręką i robiłem ciałem,

sercem robiłem ruchy, mało brakowało.
I tylko mój pies wiedział, i jeżył się przez sen.

grudzień 2004

僕人之家

我曾裝扮成人，甚至還很不錯，
扮得時好時壞，也用些小計策，
粉底、油脂、蛋白，還有單詞很多
因為使用詞彙，一切皆能辦妥

一切都發生過，整日旅行的生活，
貸款度日的生活，旅行前的惴惴不安，
房子、姓名、詞語、都很多很多。
我曾裝扮成人，是個行家裏手。

友誼、女人、愛情、父親，這些單詞，
還有原諒和背叛，我可能會忘我，
可能會迷失，因為我下意識地
用手，用身體和心靈，

做了這些單詞的動作，而且差得不多。
只有我的狗知道，夢中嚇得毛髮倒豎。

2004年12月

（趙剛譯）

Service Office

I played the part of man, and more or less
it came to me quite well. I used deceptions,
makeup, mascara, base, a huge amount
of words, for almost anything is possible

with words, and anything was happening,
life from a suitcase, life on credit, nerves
before a trip, a house, a name and surname,
whole host of words. I played the part of man,

as if I was an expert. Words like friendship,
father, woman, love, the word betrayal,
the word forgive. I could have been forgotten,
I could have lost myself in making words

my hands, my body, while my heart kept pace.
Only the dog could tell, he bristled in his sleep.

December 2004

(Translated by Mira Rosenthal)

5 ŻAglowce Jej Królewskiej Mości

Grałem sam przeciwko komputerowi, byłem
władcą biednego kraju w Europie Środkowej,
który stał się mocarstwem dzięki mojej zdrowej
polityce, handlowi, także dzięki sile

armii i gospodarki. Jeżeli toczyłem
jakieś wojny, to po to, by ustrzec się wrogiej
agresji, lub przeciwko słabym, były bowiem
kraje, które zupełnie sobie nie radziły.

Stawiałem na administrację, dobre sądy,
egzekwowanie prawa, flotę i kolonie,
cieszyłem się szacunkiem w świecie dyplomacji
i wśród własnych poddanych. Nigdy bez powodu

nie skazałem nikogo prócz publicznych wrogów:
dezerterów, poetów, spekulantów, zdrajców.

國王陛下的帆船

我獨自對著電腦遊戲，
作為中歐一個窮國的統治者，
憑藉我的善政、貿易
軍事和經濟，這個國家成了強國。

如果我進行了一些戰爭，
也是為了防止敵人入侵，
或者是對付一些弱國，
因為它們已經無法應付。

依靠行政、良好的司法和執法，
還有艦隊與殖民地，
我在外交界和臣民中備受尊崇，
我從未毫無緣由地判決任何人，

除非他是公共的敵人：
逃兵、詩人、投機者和叛徒。

（趙剛譯）

Her Majesty's Fleet

I played alone against my own computer.
I was the king of some poor country stuck
in Central Europe that became a world
power because of my sound politics

and trade, strong army and economy.
I never fought a war, except to preempt
enemy aggression or fight the weak,
since there were nations that were badly run.

I counted on the government, the courts
enforcing laws, the navy, colonies.
I was revered in diplomatic circles
and among my serfs. I never sentenced

without reason, except for public enemies:
deserters, poets, traitors, profiteers.

(Translated by Mira Rosenthal)

6 Wulkan

Siedząc i oglądając wojnę samolotów
przeciw wieżowcom, świętą wojnę męczenników
przeciw wagonom metra, salom gimnastycznym,
przeciwko dzieciom, leżąc, obserwując potop

na żywo w czterdziestu odcinkach, pilotem
poprawiając świat, klucząc, próbując uników
przed mordercą, rekinem i poznając wynik
ankiety widzów w sprawie kary śmierci. Trochę

śpiąc, trochę patrząc na wielką transmisję
z wykupywania boga. I widząc ich wszystkich
malutkich, rysunkowych, jak się przewracają,
chcą wstać i znów padają, potrafiąc wyłączyć

wielekroć głos i obraz, wyłączając oddech
i nie mogąc wyłączyć serca spadałem, spadałem.

火山

坐看幾架飛機對摩天大樓的戰爭
坐看殉道者對地鐵車廂
對體育館和孩子們發起的聖戰
我躺著觀看洪水，

分四十集現場直播
想用遙控器改善世界，
想繞開殺手和鯊魚，
瞭解觀眾關於死刑的問卷結果。

半睡半醒中看收買神明的熱播。
看到所有那些圖畫上的小人
如何摔倒，想起來又再摔倒，
只能反復地關閉聲音和畫面

關閉呼吸的時候卻不能關閉心靈
我摔倒，我摔倒。

（趙剛譯）

The Volcano

Sitting and watching planes wage war against
the towers, martyrs wage their holy war
against commuter trains and gyms, against
children. Then lying down to watch the flood

in live installments, using the remote
to put the world in order, browsing, trying
to dodge the murderer, the shark, learning
results from viewer surveys on the death

penalty. Napping, taking in the great
pawning of god. And seeing everyone
so tiny and cartoonish, how they fall,
get up, and fall again. Then turning off

the sound and picture, turning off my breath,
my heart would not turn off, I fell, I fell.

(Translated by Mira Rosenthal)

7 **Cyklon Tropikalny**

Ze wszystkich filozofów najbardziej lubiłem
tego, który powiedział, że fale powstają
przez wahanie się bogów, czy świat, który znamy
jest dobry czy tez zły jest i nadeszła chwila,

by zalało go morze. I codziennie miłość
wybawia nas od zguby, bogowie wahają
się, spacerują i puszczają kaczki w falach,
słońce wchodzi do morza tam, gdzie jest horyzont.

Teraz idę ulicą, idą razem ze mną
ci, którzy myją chorych i idą na pewno
tacy, co zechcą zabić. Każdej nocy bestia
wychodzi szukać dzieci w środku złego miasta.

I we mnie też jest ciemność, odrobina światła,
i czarne ślady stawiam na białych powierzchniach.

熱帶氣旋

所有哲學家中，我最喜歡那一位，
他曾說波浪起源於，眾神的猶疑，
我們所熟悉的世界
是好是壞，那一刻已經到來

大海將要將它淹沒，
每一天愛情都把我們從迷失中解脫，
眾神猶疑、散步，在波浪裏釋放鴨子，
太陽進入大海，那是地平線呆的地方。

現在我沿著街道前行，和我同行的還有
那些擦洗病人的人，肯定還有那些
想殺人者。每夜惡魔都出來尋找孩子
在罪惡之城的中心。

我內心也有黑暗，和一點點光明，
我把黑色的印跡，放在白色的表層。

（趙剛譯）

Tropical Hurricane

Of all philosophers, I like the one
who said that waves originate from gods
equivocating—is this known world good,
or is it bad, is this the time for seas

to flood it? Every day love saves us from
extinction. Gods equivocate and stroll
about and skip round stones across the waves.
The sun at the horizon sinks to sea.

Walking down the street, those who wash the sick
are with me, those who are willing to kill
are with me. Every night a beast comes out
to look for children in the evil city.

There's dark in me as well, a drop of light.
I leave black footprints on white surfaces.

(Translated by Mira Rosenthal)

8 Zapomniane Mapy

Pojechałem na Ukrainę, to był czerwiec
i szedłem po kolana w trawach, zioła i pyłki
wirowały w powietrzu. Szukałem, lecz bliscy
schowali się pod ziemią, zamieszkali głębiej

niż pokolenia mrówek. Pytałem się wszędzie
o ślady po nich, ale rosły trawy, liście,
i pszczoły wirowały. Kładłem się więc blisko,
twarzą na ziemi i mówiłem to zaklęcie—

możecie wyjść, już jest po wszystkim. I ruszała
się ziemia, a w niej krety i dżdżownice, i drżała
ziemia i państwa mrówek roiły się, pszczoły
latały ponad wszystkim, mówiłem wychodźcie,

mówiłem tak do ziemi i czułem, jak rośnie
trawa ogromna, dzika, wokół mojej głowy.

被遺忘的地圖

六月，我去了烏克蘭，
趟過沒膝的荒草，
草藥和花粉在空中飛旋。我四處尋找，
但親友們都已藏到了泥土下面，

比蟻穴更深的定居地點。我到處打聽，
他們的足跡，但是草木生長，
蜜蜂在空中飛旋。所以我就近躺下，
面向大地，說出這句咒語——

你們可以出來了，一切都已過去。
大地開始晃動，裏面有鼴鼠和蚯蚓，
大地開始抖動，螞蟻王國開始出動，
蜜蜂在萬物之上飛舞，我說，你們出來吧，

我對大地說這些話，忽然感到周圍的野草，
在不斷長高，在我的腦袋四周。

（趙剛譯）

Scorched Maps

I took a trip to Ukraine. It was June.
I waded in the fields, all full of dust
and pollen in the air. I searched, but those
I loved had disappeared below the ground,

deeper than decades of ants. I asked
about them everywhere, but grass and leaves
have been growing, bees swarming. So I lay down,
face to the ground, and said this incantation—

you can come out, it's over. And the ground,
and moles and earthworms in it, shifted, shook,
kingdoms of ants came crawling, bees began
to fly from everywhere. I said come out,

I spoke directly to the ground and felt
the field grow vast and wild around my head.

(Translated by Mira Rosenthal)

9 Kopalnie Złota

Miasto na kościach słońca. Światło dokonuje
cudów na tych ruinach i wytapia złoto
z każdej cegły, kamienia. Wróble się o nie biją.
Czterdzieści dwa tysiące gawronów gada w parku,

gdzie wśród kasztanowców trwa wyprzedaż lata
i stosy towaru, rozwleczone wszędzie szmatki,
szyfony. Kobiety przymierzają, mężczyźni milcząc
palą, grzeszą. Na ławce, zatopiony w powietrzu,

śpi weteran wojny o zapomnianej nazwie.
Jego lewa noga jeszcze nie wróciła. Przy placyku
napowietrza się wino, sala pełna jeżyn. Kelnerka się
myli,
wiatr jej kradnie rachunki, jeden po drugim.

Wieczorem, w jej sypialni na drugim piętrze
otworzy się oko wulkanu, czerwone, bezdenne.

金礦

城市在太陽的骨骼上。光線在廢墟上
製造奇跡，把每一塊磚石
熔煉成金。麻雀撞在上面。
四萬兩千隻烏鴉在公園裏聒噪，

那裏的栗樹之間，正在甩賣夏天
還有成堆的貨物，亂拋的抹布和綢緞，
女人們在試衣，男人沉默著吸煙，罪過。
長椅上，一個老兵睡得正酣，

他沉浸在空氣裏，那場戰爭的名字已無人知曉。
他的左腿還沒有回來，小廣場邊
葡萄酒暴露在空氣中，大廳裏全是黑莓。女服務員
　　犯了錯，
風偷走了她的帳單，一張接著一張。

晚上，在她二層的臥室裏
火山睜開了它紅色的、深不見底的眼。

（趙剛譯）

Gold Mine

A city built from bones of sunshine. Light
works miracles on ruins and smelts gold
from brick and stone. The sparrows fight for it.
Thousands of ravens chatter in the park,

where, under chestnut trees, they're selling off
the summer, piles of goods, unfolded clothes,
chiffon. While women try things on, men smoke
in silence, sinning. On a bench, a veteran

of some forgotten war is sleeping, sunk
in air. His left leg still has not returned.
The square is filled with berry, open wine.
The wind steals checks, the waitress gets things wrong.

At nighttime in her bedroom, the volcano's eye
will open, red, and infinitely deep.

(Translated by Mira Rosenthal)

10 Zamek (Przyjechałem tu Zastrzelić Prezydenta)

Ciąg dalszy tej historii. Myśmy się kochali—
oni przejęli władzę. I mają nad nami,
ci, co kiedyś pluli najdalej, i śpiewali
najgłośniej, co odpisywali na sprawdzianach

to ich teraz jest władza i już wiedzą o nas,
i wiedzą, gdzie mieszkamy, przysłali rachunki
na firmowym papierze, widać po zasłonach
tu w oknie naprzeciwko, że idą meldunki

wprost do czarnego biurka. Mówią po imieniu
i już nam dali pracę i wybrali zawód,
ponieważ ciut się boją naszego wymienić
prawdziwego zajęcia. Może będą nawet

wysyłać nam prezenty, bo dokładnie wiedzą,
po co tutaj jesteśmy, po co w nocy światło
świeci się w naszej kuchni, dlaczego tak łatwo
nas zabić a tak trudno naprawdę pogrzebać.

城堡（我來這裏射擊總統）

這段歷史的續集。我們曾經相愛——
他們接管了權力。淩駕在我們之上，
是那些痰吐得最遠，歌唱得最響
考試時打小抄的人

現在他們掌權，已經知道我們，
知道我們住在哪裏，
並且寄來了用公文紙印的帳單
從這裏能看到對面窗子裏，在窗簾後面

有人直接到黑色辦公桌前彙報。他們彼此直呼其名
已經給了我們工作，選擇了職業，
因為他們有點兒害怕，給我們換真正的職業。
他們也許甚至會給我們寄禮物

因為他們確切知道，
我們為什麼在這裏，為什麼我們的廚房，
半夜還有燈光亮起，為什麼打死我們很容易
但要埋葬，真是個難題。

（趙剛譯）

The Castle (I Came to Shoot the President)

To continue the story. We made love—
they seized power. And they hold it over us,
those who once spit the farthest and sang
the loudest, who cheated on their tests—

they hold the power now. They know all
about us, where we live and have sent us bills
on official letterhead. Judging from the curtains
in the rear window, reports are going straight

into the black desk. They call us by first name
and have already assigned us a trade and a job,
because they're a bit scared to acknowledge
our real occupation. Maybe they'll even start

sending us presents, because they know exactly
what we're here for, why the light shines
in our kitchen through the night, why we're
so easy to kill yet so difficult to bury.

(Translated by Mira Rosenthal)

11 Jutro Potop

Trzydziesty dziewiąty dzień deszczu. Rozłożone
na stole gazety nie wstrzymują wody, wilgoć
jest w łodygach i w owocach, parują farbiarnie.
Powoli rosną mi błony. A chciałbym nareszcie

odejść, zmienić temat, lecz błoto jest moją
ojczyzną i nie mam innej, tylko ku jej chwale
zlepione są te bloki, biurowce, hurtownie.
Ach, jakże śmierdzą samochody, jaki smak

ma komunikacja miejska, jak fermentuje obuwie
jej Świętych Pasażerów. Rondo, pępek Europy,
wszystkie obce armie zatonęły tu kiedyś
wraz z kuchnią polową i swoim cięższym sprzętem.

Tylko burdele na kółkach z gumą
i tylko kijanki, traszki, topielice.

明天有洪水

這已經是第39天下雨。桌上攤開的報紙
擋不住大水，水分留在樹枝和水果裏，
染坊霧氣蒸騰。我慢慢長了粘膜。
我終於想離開，換個話題

然而泥濘是我的祖國，再沒有第二個，
只為向它致敬，才把這些住宅樓、
寫字樓和批發市場，粘合在一起。
啊，汽車的味道多麼刺鼻，

城市交通的味道如何，它那些神聖乘客們的鞋子
正在發酵。環島、歐洲中心，
所有外國軍隊都曾在此沉淪，
連同野炊餐具，還有各自的重裝備。

只有橡膠輪子上的妓院
只有蝌蚪、蠑螈和女水鬼。

（趙剛譯）

Tomorrow, the Flood

Thirty-ninth day of rain. Newspapers spread out
on the table cannot stop the water. Moisture
in stems and fruit, steaming dye houses.
Slowly my membranes grow. I would like

to finally leave, change the subject, but this mud
is my fatherland, the only one I have, to its glory
only these thrown together apartment blocks, offices,
warehouses. Oh, how the cars stink, what a flavor

public transportation has, shoes fermenting
on its Holy Passengers. At the traffic circle, the hub
of Europe, all foreign armies were engulfed at some
 point
along with their field kitchens and heavy gear.

Only the brothels on rubber wheels and only
the tadpoles, newts, drowned suicides.

(Translated by Mira Rosenthal)

12 **Dziura**

To jest dziura w skraju nieba, pomiędzy
chmurami. Jeśli unieść się i spojrzeć z bliska,
można przez chwilę zobaczyć tamten świat.
Tamto miasto, siną rzekę i tamtych ludzi

w pokoju. Ale cóż mogą znaczyć te papiery,
bałagan, niedopita kawa, te papierosy na stole?
Kim jest ta kobieta, tak zgrabnie udająca
ciebie ruchem i ciałem, i ten obok mężczyzna,

małpujący mnie? I cóż to za speszone spojrzenia,
gorączkowe ubieranie, rozczochrane włosy
i ledwie widoczne drżenie rąk? To nieme
poruszanie ustami w naszą stronę,

to, że nagle zaczynają mówić, wołać coś?
I ten, w decydującej chwili, olbrzymi palec zatykający
ją?

洞

這是天邊的一個洞，位於雲朵之間。
如果升上天空，抵近觀看，
可以在瞬間看到那個世界。
那個城市、青色的河流和那些人們

呆在房間裏。但那些紙是什麼意思，
滿屋淩亂、未喝完的咖啡和桌上的香煙？
那個女人是誰，惟妙惟肖地模仿
你的動作和身體，還有旁邊那個男人，

對我的樣子亦步亦趨？那尷尬的目光是怎麼回事，
還有淩亂的著裝，散亂的髮型
雙手微微的震顫？
對著我們的方向，無聲地努嘴，

他們突然開始說些什麼，喊些什麼？
還有在那關鍵一刻堵她嘴的巨大手指？

（趙剛譯）

Opening

This is an opening in the clouds at the edge
of the sky. If you lift yourself up and look closely,
you might be able to see that other world for a
moment.
That other city, the silver river, and those people

in a room. But what could it all mean, the papers,
the mess, the unfinished coffee, the cigarettes on the
table?
Who is that woman, deftly pretending to be
you in her gestures and body, and that man next to her,

aping me? And what about the embarrassed glances,
the frenzy to dress, the disheveled hair, and the barely
visible trembling of hands? And the speechless
movement of lips in our direction,

the sudden attempt to speak, to call something out?
And that gigantic finger at the opening,
in a decisive moment, plugging it?

(Translated by Mira Rosenthal)

湯瑪斯·羅瑞茨基是當代波蘭詩人及翻譯家，1970 年生於波蘭西南部西里西亞的奧波萊省，該地區揉合多元文化，獨樹一幟。他於克拉科夫亞捷隆大學研究羅馬語言，同時翻譯法國詩歌，曾翻譯斯特凡·馬拉美的《孤注一擲絕不會破壞偶然》，並於 2005 年出版。羅瑞茨基著有詩集《祖國》(1997)、《靈魂》(1999)、《郊外小舍》(2001)、《世界與反世界》(2003) 及長篇敘事詩《十二車站》(2004)，作品佳評如潮。《十二車站》勇奪「高捷斯基獎」，令羅瑞茨基廁身波蘭最重要詩人之列；「高捷斯基獎」為表揚 40 歲以下的波蘭作家的最高文學榮譽，著名波蘭作家斯瓦沃米爾·莫羅熱克、齊別根紐·赫伯特及亞當·扎加耶夫斯基亦曾得獎。《十二車站》是一首長篇的悲喜詩劇，故事採用家族第三代代表的視角，講述第二次世界大戰後，這位第三代代表聚合了半世紀以前被驅逐出波蘭東部的家族成員，眾人重回故土，舉行家庭聚會，並尋找於 1945 年埋於土下的教會大鐘。「高捷斯基獎」的評審團深受感動，認為《十二車站》反映「省域與家族傳統間的有趣距離，同時熱情地歌頌省域和家族傳統」，足以媲美波蘭民族史詩《塔杜斯先生》。在2004 年，羅瑞茨基首三本著作輯錄成《詩集》問世，最新著作有《殖民地》(2007)、《旋轉之書》(2010) 及《動物寓言集》(2012)。《殖民地》收錄 77 篇詩作，包括〈海港的酒館〉、〈火土〉及〈肉桂與丁香〉，詩題大都富有異國情調，跟詩中描寫波蘭鄉郊的日常生活及憂鬱思緒，構成了強烈的對比。羅瑞茨基的作品獲翻譯成多種歐洲語言，先後於德國、法國、意大利、英國及斯洛伐克出版，最近更由西風出版社於美國出版作品選集《遺忘的鑰匙》及《殖民地》英譯版（美娜·羅森泰譯）。羅瑞茨基得獎無數，榮獲「克日什托夫·卡密爾·巴申斯基獎」及《文學筆記本》頒贈的「約瑟夫·布羅茨基獎」，並曾兩度獲提名波蘭權威文學大獎「尼刻獎」。羅瑞茨基亦不時參與國際詩歌節，包括「2000年歐洲文學薈萃」及「克拉克夫與休士頓夏日詩歌研討會」(2004)。羅瑞茨基與家人現居於家鄉奧波萊市。

（蘇良信譯）

Tomasz Różycki, a contemporary Polish poet and translator, was born in 1970 in Opole (Silesia, the southwestern part of Poland, a region that bears the mark of a distinct mixture of cultures). Różycki studied Romance languages at the Jagiellonian University in Kraków. Alongside his work he translated poetry from French, publishing a translation of Stéphane Mallarmé's *Un coup de dés jamais n'abolira le hasard* in 2005. He is the author of five collections of poems to great acclaim: *Vaterland* (1997), *Anima* (1999), *Chata umaita* (2001), *Świat i antyświat* (2003), and the long epic poem *Dwanaście stacji* (2004), for which he was awarded the Kościelski Prize, the most prestigious literary prize for Polish writers under forty. He thus joined the ranks of Poland's most important writers, among them Sławomir Mrożek, Zbigniew Herbert, and Adam Zagajewski. The long, tragic-comic poem tells the story of a family gathering from the perspective of a third generation representative, post World War II. He gathers together all the members of his family who were expelled from Poland's eastern regions half a century ago with the aim of revisiting their place of origin and of seeking out the church bells buried in 1945. The poem, compared by critics to the national epic *Pan Tadeusz*, moved the jury with its "humorous distance, but also warmly depicted praise, of the province and of family tradition." In the same year, a collection of Różycki's first three volumes appeared under the title *Wiersze* (*Poems*, 2004). His latest work, *Kolonie* (2007), brings together seventy-seven poems whose exotic titles such as *Tawerna w porcie* (*Tavern at the Harbour*), *Ziemia Ognista* (*Fire Earth*), and *Cynamon i goździki* (*Cinnamon and Cloves*) present a striking contrast to the depictions of everyday Polish country life and the melancholic thoughts they contain. His work has been translated into numerous European languages, and *The Forgotten Keys: Selected Poetry of Tomasz Różycki* and *Colonies* (translated by Mira Rosenthal) have just been published by Zephyr Press in USA. His latest books are *Księga obrotów* in 2010 and *Bestiarium* in 2012. His poems have been translated and published in Germany, France, Italy, Great Britain, and Slovakia. He has received the Krzysztof Kamil Baczyński Prize, the Joseph Brodski Prize from Zeszyty Literackie, and has been nominated twice for the Nike Prize, Poland's most important literary award. He has participated in the Literaturexpress Europa 2000, the Krakow-Houston Summer Poetry Seminar (2004), and other international poetry festivals. He lives in his native city Opole with his wife and two children.

出版 Publisher
香港中文大學出版社 The Chinese University Press

封面影像 Cover Image
北島 Bei Dao

出版日期 Date of Publication
二零一三年十一月 November 2013

國際書號 ISBN
978-962-996-621-8

香港國際詩歌之夜 2013 International Poetry Nights in Hong Kong 2013
主辦單位 Organizers
香港中文大學文學院 Faculty of Arts, The Chinese University of Hong Kong
香港浸會大學文學院 Faculty of Arts, Hong Kong Baptist University
香港科技大學人文社會科學學院 School of Humanities and Social Science, The Hong Kong University of Science and Technology

合作夥伴 In Partnership With
英國文化協會 British Council

協辦單位 Co-organizers
時刻文化 Moment Communications
香港中文大學出版社 The Chinese University Press

贊助 Sponsors
香港兆基創意書院 HKICC Lee Shau Kee School of Creativity
中國會 The China Club
周凱旋基金會 Chau Hoi Shuen Foundation

Printed in Hong Kong